Ο ΚΑΜΒΑΣ ΕΠΙΧΕΙΡΗΜΑΤΙΚΟΥ ΜΟΝΤΕΛΟΥ

Αφήστε την επιχείρησή σας να ανθίσει με αυτό το απλό μοντέλο

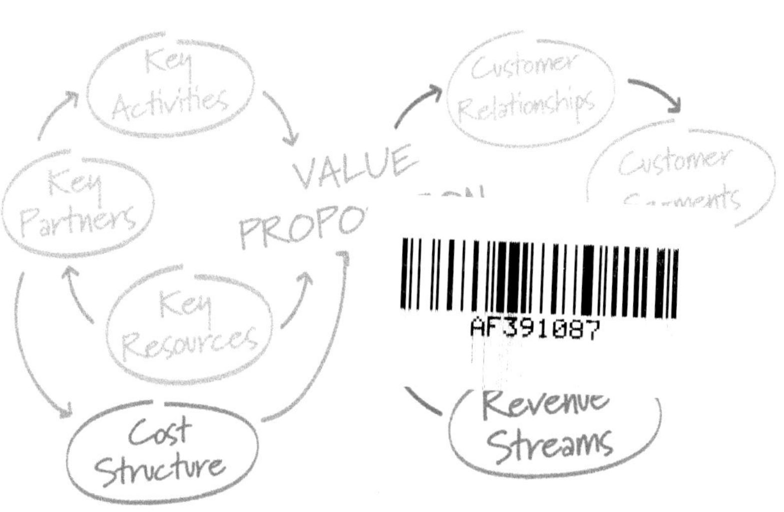

Ο ΚΑΜΒΑΣ ΕΠΙΧΕΙΡΗΜΑΤΙΚΟΥ ΜΟΝΤΕΛΟΥ

Αφήστε την επιχείρησή σας να ανθίσει με αυτό το απλό μοντέλο

γραμμένο από Magali Marbaise
μεταφρασμένο από Lina Sideris

Ο ΚΑΜΒΑΣ ΕΠΙΧΕΙΡΗΜΑΤΙΚΟΥ ΜΟΝΤΕΛΟΥ

ΒΑΣΙΚΕΣ ΠΛΗΡΟΦΟΡΙΕΣ

- **Όνομα:** Business Model Canvas, BMC.

- **Χρήσεις:** Το Business Model Canvas είναι ένα πολύτιμο στρατηγικό εργαλείο που χρησιμοποιείται για τη σύλληψη νέων επιχειρηματικών μοντέλων ή για την τεκμηρίωση των υφιστάμενων. Βοηθά στην καθοδήγηση των αποφάσεων σχετικά με το λανσάρισμα ενός προϊόντος, μιας νεοφυούς επιχείρησης ή μιας νέας διαδικασίας, απεικονίζοντας την αξία και τη βασική δραστηριότητα μιας εταιρείας.

- **Γιατί είναι επιτυχημένη;** Η απλότητα και η σαφήνεια της οπτικής παρουσίασης του εργαλείου το καθιστούν εύκολο να χρησιμοποιηθεί μόνο του ή ως μέρος μιας ομάδας.

- **Λέξεις-κλειδιά:**

  - <u>Επιχειρηματικό μοντέλο</u>: Το μοντέλο μέσω του οποίου μια εταιρεία δημιουργεί αξία. Μέσω μιας στρατηγικής για την ανάπτυξη της βασικής επιχειρηματικής δραστηριότητας, η αξία αυτή θα πρέπει να εκδηλώνεται σε οικονομικές ανταμοιβές για τις εταιρείες που είναι σε θέση να ικανοποιούν τους πελάτες τους.

  - <u>Επιχειρηματικό σχέδιο</u>: Η στρατηγική αυτή περιγράφεται σε ένα επίσημο έγγραφο, το οποίο βασίζεται σε αναλύσεις της αγοράς και σε αυστηρά συγκεντρωμένα και μελετημένα δεδομένα.

○ <u>Καμβάς</u>: Ένα βασικό περίγραμμα που ομαδοποιεί μια συλλογή στοιχείων με δομημένο τρόπο.

ΕΙΣΑΓΩΓΗ

Οι φιλόδοξοι εργαζόμενοι που θέλουν να ανέβουν στην ιεραρχία της εταιρείας τους και να κάνουν βιώσιμες επαναστατικές ιδέες υψηλής αξίας, καθώς και οι επιχειρηματίες που θέλουν να αναζωογονήσουν την εταιρεία τους ή να αυξήσουν το μερίδιο αγοράς τους, θα ωφεληθούν από τη βαθιά κατανόηση του τρόπου λειτουργίας της επιχείρησής τους, του τρόπου με τον οποίο παράγει ανάπτυξη και των πιο χρήσιμων μοχλών ανάπτυξης. Ο καμβάς επιχειρηματικού μοντέλου είναι ένας εξαιρετικός τρόπος για την ανάπτυξη αυτής της κατανόησης.

Αυτό το στρατηγικό εργαλείο αναπτύχθηκε από τον Alexander Osterwalder (Αυστριακός θεωρητικός, γεννημένος το 1974) και τον Yves Pigneur (Βέλγος επιστήμονας πληροφορικής και καθηγητής στο Πανεπιστήμιο της Λωζάνης, γεννημένος το 1954) στο βιβλίο τους *Business Model Generation* (2010). Χρησιμοποιείται κυρίως (αν και όχι αποκλειστικά) από επιχειρηματίες και έχει ως στόχο να τους επιτρέψει να μετατρέψουν τις ιδέες τους σε καινοτόμα και ανταγωνιστικά έργα. Για να γίνει αυτό, οι συγγραφείς ενθαρρύνουν κάθε εταιρεία που χρησιμοποιεί τον καμβά επιχειρηματικού μοντέλου να προβληματιστεί σχετικά με την αξία που δημιουργεί για τους πελάτες της και για τους ίδιους. Το μοντέλο αυτό είναι ιδιαίτερα κατάλληλο για όσους δραστηριοποιούνται σε μικρές επιχειρήσεις ή νεοσύστατες επιχειρήσεις, όπου η δομή δεν είναι έντονα ιεραρχική: ο καμβάς προσφέρει μια πιο συστηματική προσέγγιση από την πλειονότητα των παραδοσιακών μοντέλων, αρθρώνοντας τα διάφορα συστατικά μέρη της επιχείρησης.

ΟΡΙΣΜΟΣ ΤΟΥ ΜΟΝΤΕΛΟΥ

Σύμφωνα με τους δημιουργούς της μεθόδου, το πλαίσιο αυτό επιτρέπει στους οργανισμούς να δημιουργούν, να παραδίδουν και να συλλαμβάνουν αξία (Osterwalder and Pigneur, 2010).

Ο καμβάς επιχειρηματικού μοντέλου αποτελεί μέρος της τάσης της οπτικής και σχεδιαστικής σκέψης. Αυτό σημαίνει ότι, μέσω της μη γραμμικής του διαδικασίας, επιτρέπει τη δημιουργία ενός οπτικού συστήματος που είναι προσιτό, ευανάγνωστο και εύκολα κατανοητό για όλους. Αυτός ο καμβάς είναι ένα μέσο το οποίο οι επιχειρηματίες μπορούν να χρησιμοποιήσουν για να προβληματιστούν και να κατασκευάσουν το επιχειρηματικό τους μοντέλο σε μία μόνο σελίδα: μπορούν εύκολα να οργανώσουν τις ιδέες τους στα πλαίσια του προτύπου, προκειμένου να προχωρήσουν πιο γρήγορα – και αποτελεσματικά – στη δράση. Το γεγονός ότι προσφέρει μια επισκόπηση των υπό κατασκευή μοντέλων διευκολύνει τον σαφή καθορισμό των προτεραιοτήτων, τη δημιουργία συγκεκριμένων σχεδίων δράσης και μια δημιουργική και προσαρμόσιμη προσέγγιση, η οποία απλοποιεί σημαντικά τη μελλοντική ανάπτυξη ενός επιχειρηματικού σχεδίου. Το εργαλείο αυτό βελτιώνει επίσης τις αλληλεπιδράσεις με τους πελάτες και ενισχύει την επικοινωνία μεταξύ των εργαζομένων.

ΘΕΩΡΙΑ

Όλες οι εταιρείες ονειρεύονται να έχουν τα κλειδιά της επιτυχίας, και όσο πιο απλά είναι, τόσο το καλύτερο! Παρόλο που το πλαίσιο αυτό δεν λαμβάνει πραγματικά υπόψη την καθαρά ανταγωνιστική πτυχή, εξακολουθεί να είναι πολύ ενδιαφέρον, πρακτικό και προσιτό σε όλους.

ΤΑ ΕΝΝΕΑ ΕΡΓΑΛΕΙΑ

Ο πίνακας αποτελείται από εννέα αλληλένδετα μπλοκ που απεικονίζουν όλες τις δραστηριότητες μιας εταιρείας:

- βασικές δραστηριότητες

- βασικές συνεργασίες

- βασικοί πόροι

- τμήματα πελατών

- κανάλια

- πελατειακές σχέσεις

- πρόταση αξίας

- δομή κόστους

- ροές εσόδων.

Σαφώς διαφοροποιημένα και αναγνωρισμένα, τα κουτιά είναι προσεκτικά και με ακρίβεια τοποθετημένα στον καμβά. Αυτή η διάταξη δημιουργεί συνέργειες μεταξύ τους, με αποτέλεσμα να προκύπτει μια μοναδική στρατηγική για κάθε εταιρεία που δοκιμάζει την άσκηση.

Δημιουργία αξίας

- **Βασικές δραστηριότητες.** Οι βασικές δραστηριότητες είναι απαραίτητες για την εταιρεία, καθώς μέσω αυτών δημιουργείται μια πρόταση αξίας για τους πελάτες, η οποία δημιουργεί έμμεσα έσοδα. Οι δραστηριότητες αυτές ποικίλλουν, ανάλογα με τον τύπο του επιχειρηματικού μοντέλου. Για παράδειγμα, σε μια ασφαλιστική εταιρεία, βασική δραστηριότητα είναι η προστασία των περιουσιακών στοιχείων των πελατών και η αποζημίωσή τους σε περίπτωση απώλειας- ένα νοσοκομείο θα είναι υπεύθυνο για την υγεία των ασθενών. Σύμφωνα με τον Osterwalder, οι δραστηριότητες μπορούν να ταξινομηθούν σε τρεις διαφορετικές κατηγορίες:

  - Εκείνα που σχετίζονται άμεσα με την κατασκευή ενός προϊόντος,

  - Όσοι επιδιώκουν να αναπτύξουν λύσεις (υπηρεσίες) για την ικανοποίηση των αναγκών των πελατών,

  - Εκείνες που πραγματοποιούνται, εν όλω ή εν μέρει, στο διαδίκτυο (διαδικτυακοί τόποι αγορών ή τράπεζες).

- **Βασικές συνεργασίες.** Το ρητό "δύο κεφάλια είναι καλύτερα από ένα" είναι παγκόσμιο και έχει ιδιαίτερη απήχηση στον επαγγελματικό κόσμο, μέσα στις εταιρείες μας. Η ύπαρξη και η διατήρηση καλών σχέσεων με προσεκτικά επιλεγμένους, ανταγωνιστικούς και αξιόπιστους συνεργάτες ενισχύει τη θέση που κατέχει ο οργανισμός στην αγορά του ενισχύοντας το επιχειρηματικό μοντέλο. Η φύση της συνεργασίας εξαρτάται από τους στόχους της επιχείρησης:

  - Υπεργολαβίες για την προώθηση οικονομιών κλίμακας ή τον επαναπροσδιορισμό των δραστηριοτήτων,

○ Συγχωνεύσεις για τη μείωση του κινδύνου και της αβεβαιότητας που συνδέονται με το ανταγωνιστικό περιβάλλον,

○ Απόκτηση ορισμένων πόρων και δραστηριοτήτων που επιτρέπει την ανάθεση ορισμένων δραστηριοτήτων σε άλλες εταιρείες. Παράδειγμα αυτού θα ήταν μια ασφαλιστική εταιρεία που χρησιμοποιεί ένα εξωτερικό γραφείο αξιολόγησης για την πληρωμή των απαιτήσεων.

Υπάρχουν διάφορα προφίλ βασικών εταίρων. Είτε πρόκειται για εταιρεία είτε για ιδιώτη, το σημαντικό είναι ότι παρέχουν υποστήριξη, συμβουλές κ.λπ. που θα διευκολύνουν την ανάπτυξη μιας εταιρείας: τράπεζες, επενδυτές, συνεργάτες, προμηθευτές ή ακόμη και πελάτες, αλλά και ανταγωνιστές.

- **Βασικοί πόροι.** Πρόκειται για τα περιουσιακά στοιχεία της επιχείρησης, στα οποία βασίζεται και τα οποία της επιτρέπουν να διατηρεί την οικονομική της δραστηριότητα ή να εκτελεί με επιτυχία την αλυσίδα αξίας της. Συνεπώς, υπάρχει ένας βαθμός αλληλεξάρτησης μεταξύ της υγείας της επιχείρησης – τόσο οικονομικής όσο και ανθρώπινης, πνευματικής (πατέντες κ.λπ.) ή υλικής – και των διαθέσιμων πόρων για την (εκ νέου) δρομολόγηση μιας πρότασης αξίας. Ακολουθώντας αυτή τη λογική, οι μικρές και μεσαίες επιχειρήσεις θα αξιοποιήσουν στο έπακρο το σχετικά μικρό μέγεθος των ομάδων τους (ανθρώπινο δυναμικό) για να επικεντρωθούν στην τακτική προσωπική επαφή με τους πελάτες. Αντίθετα, μια εταιρεία πληροφορικής μπορεί να προτιμήσει να επικεντρωθεί σε υλικούς πόρους, όπως επεξεργαστές, ψυγεία ή αποθήκες, προκειμένου να ενισχύσει την πρόταση αξίας της.

- **Τμήματα πελατών.** Η πλειονότητα των επιχειρήσεων οφείλει την ευημερία της στους πελάτες της, οι οποίοι αποτελούν την κινητήρια δύναμη πολλών οικονομικών δραστηριοτήτων. Επομένως, είναι σημαντικό να τους γνωρίζετε καλά, να εντοπίζετε τις προσδοκίες τους και να προτείνετε μια προσφορά που να ανταποκρίνεται καλύτερα στις ανάγκες τους. Από αυτές, ο οργανισμός δημιουργεί τμήματα πελατών με τις ίδιες ή παρόμοιες ανάγκες και επιλέγει ποιες ομάδες θα στοχεύσει ιδιαίτερα.

👁 ΟΡΙΣΜΟΣ ΚΑΙ ΕΠΙΛΟΓΗ ΤΜΗΜΑΤΩΝ

Υπάρχουν διάφοροι τύποι τμημάτων πελατών, όπως η μαζική αγορά, η εξειδικευμένη αγορά, η διαφοροποιημένη αγορά κ.λπ. Ανάλογα με το είδος της δραστηριότητας που επιλέγεται, την οικονομική της δυνατότητα και την οικονομική κατάσταση, η επιχείρηση θα στοχεύσει στο ένα ή στο άλλο τμήμα. Για παράδειγμα, ένα πολυτελές εστιατόριο θα επιδιώξει να προσελκύσει κυρίως εύπορους πελάτες, ενώ μια μπρασερί θα προσφέρει ένα πιο προσιτό μενού (εκτός εάν είναι διατεθειμένη να προσφέρει κάτι διαφορετικό και να στοχεύσει σε ένα διαφορετικό είδος πελατείας- στην περίπτωση αυτή, θα επιλέξει μια διαφορετική προσέγγιση, για παράδειγμα προσφέροντας κρασιά υψηλότερης ποιότητας και τονίζοντας αυτή την επιλογή στην επικοινωνία της). Η επιλογή του τμήματος μπορεί επίσης να βασίζεται στη γεωγραφική θέση: η ίδρυση ενός εστιατορίου υψηλών προδιαγραφών φαίνεται πιο κατάλληλη σε ορισμένα μέρη από ό,τι σε άλλα (στο κέντρο της πόλης ή στην ύπαιθρο).

- **Κανάλια.**

  ○ Οι προτάσεις αξίας παραδίδονται στους πελάτες μέσω των καναλιών. Η διαφήμιση, τα κοινωνικά δίκτυα κ.λπ. αποτελούν κρίσιμες "διεπαφές" μεταξύ της επιχείρησης και των πελατών της.

- **Σχέσεις με τους πελάτες.** Η βελτιστοποίηση των σχέσεων με τους πελάτες αποτελεί αγαπημένο θέμα για κάθε εταιρεία. Η καλλιέργεια σχέσεων με τους καταναλωτές των προτάσεων αξίας ενθαρρύνει την αφοσίωσή τους, εξασφαλίζοντας έτσι κατά κάποιον τρόπο τη βιωσιμότητα της εταιρείας. Μια σχέση οικοδομείται μέσω της επαναλαμβανόμενης επαφής μεταξύ του πελάτη και του προϊόντος/υπηρεσίας/επιχείρησης, είτε αυτή αφορά την κατανάλωση ή την εμπειρία αυτή καθαυτή, είτε την έκθεση στο μάρκετινγκ γύρω από την προσφορά. Συνεπώς, κάθε επιχείρηση πρέπει να καθιερώσει μια συγκεκριμένη πολιτική με την οποία θα καθορίζει τις τρέχουσες και μελλοντικές σχέσεις της με τους πελάτες της. Οι σχέσεις αυτές μπορούν να λάβουν διάφορες μορφές, όπως μια πιο εξατομικευμένη προσέγγιση, αυτοεξυπηρέτηση και τυποποίηση.

- **Πρόταση αξίας.** Οι προτάσεις αξίας είναι οι υπηρεσίες ή τα προϊόντα που η εταιρεία προσφέρει (πωλεί) στους πελάτες της.

⊙ ΤΙ ΕΙΝΑΙ ΑΞΙΑ;

Η αξία είναι αυτό που επιτρέπει σε μια εταιρεία να επεκταθεί και να κερδίσει και να διατηρήσει πελάτες που αναζητούν προστιθέμενη αξία: αξία για τα χρήματα, εμπορικό σήμα, ποιότητα υπηρεσιών και αποτελεσματικότητα.

Προκειμένου να υλοποιηθεί αυτή η αξία, είναι επομένως σημαντικό να γνωρίζουμε ποιες ανάγκες έχουν ικανοποιηθεί – και, κυρίως, ποιες ανάγκες δεν έχουν ικανοποιηθεί – στην αγορά και να αναλύουμε τι προσφέρει ο ανταγωνισμός.

Οικονομική ισορροπία

• **Δομή κόστους.** Πολλά μέρη του επιχειρηματικού μοντέλου προκαλούν και δημιουργούν κόστος (η διαφήμιση είναι ένα καλό παράδειγμα).

• **Ροές εσόδων.** Αυτό το πλαίσιο θα περιέχει τις απαντήσεις στις ακόλουθες ερωτήσεις: Ποιες είναι οι πηγές εσόδων; Ποια τιμή είναι διατεθειμένοι να πληρώσουν οι πελάτες και για ποια προϊόντα; Η δημιουργία ροών εσόδων είναι επομένως ζωτικής σημασίας, δεδομένου ότι από αυτήν εξαρτάται η επιβίωση κάθε επιχείρησης. Οι πιο συνηθισμένες προσφορές περιλαμβάνουν την πώληση αγαθών, το δικαίωμα χρήσης (οι πελάτες πληρώνουν για να χρησιμοποιούν το προϊόν ή την υπηρεσία), τις συνδρομές, τις μισθώσεις/δάνεια κ.λπ. Πέρα από αυτό το εισόδημα από τη σχέση B2C, δεν πρέπει να παραμελούνται τα έσοδα από τις συνεργασίες B2B, όπως η διαφήμιση και η χορηγία.

ΠΡΑΚΤΙΚΗ ΕΦΑΡΜΟΓΗ

ΣΥΜΒΟΥΛΕΣ ΚΑΙ ΒΕΛΤΙΣΤΕΣ ΠΡΑΚΤΙΚΕΣ

Διοργάνωση εργαστηρίου BMC

Όπως αναφέρθηκε προηγουμένως, το μοντέλο αυτό είναι διαδραστικό: οι συμμετέχοντες από την εταιρεία κάθονται, σχεδιάζουν τον πίνακα σε ένα μεγάλο φύλλο χαρτιού, το οποίο κολλάνε σε έναν τοίχο ή τοποθετούν στη μέση του τραπεζιού, συζητούν, αλληλεπιδρούν και "κολλάνε" τις ιδέες τους στο μοντέλο. Η μέθοδος Post-it®, που προτείνεται από τον Osterwalder, φαίνεται πολύ αποτελεσματική στο πλαίσιο αυτής της ομαδικής εργασίας: οι ιδέες μπορούν να αφαιρούνται, να αντικαθίστανται και να μετακινούνται καθώς εξελίσσεται η συζήτηση και διατυπώνονται διαφορετικά σημεία. Κατά τη διάρκεια του εργαστηρίου, ο καμβάς του επιχειρηματικού μοντέλου δεν παραμένει "σταθερός", αλλά οικοδομείται ένα Post-it® Note τη φορά (Osterwalder and Pigneur, 2010), δεδομένου ότι:

- Οι χρήστες σκέφτονται ενεργά τι θα πρέπει να τοποθετήσουν σε κάθε κουτί του μοντέλου, θέτοντας στον εαυτό τους μια σειρά από ερωτήσεις. Για παράδειγμα, για την πρόταση αξίας, θα ήταν ενδιαφέρον να σκεφτούν την αξία που παρέχει η εταιρεία στον πελάτη, το πρόβλημα που προτείνουν να επιλύσουν, τις ανάγκες στις οποίες ανταποκρίνονται κ.λπ. Τα σημεία αυτά θα πρέπει να αντιμετωπιστούν σε όσο το δυνατόν μεγαλύτερο βάθος.

- Κάθε συμμετέχων έχει ένα μπλοκ με αυτοκόλλητες σημειώσεις και ένα στυλό, το οποίο του επιτρέπει να μοιράζεται τις σκέψεις του με τους συναδέλφους του και να οργανώνει τις ιδέες του ταυτόχρονα. Σε αυτή την προσέγγιση, το επιχειρηματικό μοντέλο αναπτύσσεται με καταιγισμό ιδεών και σημειώσεις ιδεών. Η βασική ιδέα είναι ότι η απλότητα διεγείρει τη δημιουργικότητα. Στόχος είναι επίσης η συμμετοχή των εργαζομένων σε όλα τα επίπεδα της επιχείρησης.

Τέλος, οι εταιρείες πρέπει να θυμούνται να δοκιμάζουν τακτικά το μοντέλο τους. Η διατύπωση υποθέσεων επιτρέπει τη λεπτομερή ρύθμιση του επιχειρηματικού μοντέλου καθώς η εταιρεία αναπτύσσεται.

 ## ΣΥΣΤΑΣΕΙΣ ΤΩΝ ΣΥΓΓΡΑΦΕΩΝ

Για τη δημιουργία και την εφαρμογή ενός νέου επιχειρηματικού μοντέλου, οι Osterwalder και Pigneur προτείνουν να εργαστείτε σε πέντε φάσεις:

Κινητοποίηση με τον καθορισμό των ακριβών στόχων του έργου, τη δοκιμή των πρώτων ιδεών, το σχεδιασμό του έργου και τη συγκρότηση μιας ομάδας έμπειρων και ενθουσιωδών ανθρώπων με διαφορετικά προφίλ,

Κατανόηση, μέσω ερευνών αγοράς και διατομεακών αναλύσεων,

Σχεδιασμός, ο οποίος περιλαμβάνει την εξερεύνηση, τη δοκιμή και την αποδέσμευση από προκαταλήψεις που είναι ανακουφιστικές, αλλά εμποδίζουν τους ανθρώπους να δουν τα πράγματα διαφορετικά,

Δημιουργία με την εφαρμογή ενός επιχειρηματικού σχεδίου και ενός οικονομικού σχεδίου,

Διαχείριση με την αυστηρή παρακολούθηση της κατάστασης σε καθημερινή βάση, προκειμένου να προσαρμόζεται ή ακόμη και να επανεξετάζεται ενδεχομένως το επιχειρηματικό μοντέλο.

Γρήγορες συστάσεις

Όταν ένας ηγέτης σκέφτεται να επανεξετάσει το επιχειρηματικό μοντέλο της εταιρείας του, θα πρέπει πάντα:

- διασφαλίζουν ότι η προσέγγισή τους είναι νόμιμη, συναφής και συνεπής,

- προβλέπουν την ενεργό συμμετοχή όλων των επιπέδων της εταιρείας, ώστε να αποκτήσουν ολοκληρωμένη εικόνα και να αποφύγουν πιθανές αντιστάσεις στην αλλαγή,

- να καλέσετε έναν αμερόληπτο διαμεσολαβητή που θα μπορεί να διευθύνει τις συζητήσεις και να προκαλεί τους συμμετέχοντες,

- να κάνει απολογισμό των ήδη υπαρχόντων, προκειμένου να αποφασίσει αν θα ξεκινήσει από το μηδέν ή όχι,

- να αποφασίσετε ποιος θα αναλάβει το έργο, ώστε να διασφαλιστεί η ομαλή μετάβαση κατά την εφαρμογή των νέων κατευθυντήριων γραμμών.

ΜΕΛΕΤΗ ΠΕΡΙΠΤΩΣΗΣ

Η **παρούσα** μελέτη περίπτωσης έχει ως αντικείμενο ένα μη εξειδικευμένο βιβλιοπωλείο, το οποίο πωλεί μυθιστορήματα, βιβλία τέχνης και μουσικής, ακαδημαϊκά και επιστημονικά βιβλία. Φημίζεται για την ποιότητα των λογοτεχνικών του συστάσεων, καθώς και για τον μεγάλο του κατάλογο σχολικών και πανεπιστημιακών βιβλίων.

Καθώς ο τομέας του βιβλίου έχει υποστεί πολλές αλλαγές τα τελευταία χρόνια, όπως η εισαγωγή των διαδικτυακών πωλήσεων, τα βιβλιοπωλεία γίνονται όλο και λιγότερο πολυσύχναστα. Επιπλέον, το εν λόγω κατάστημα αντιμετωπίζει σκληρό ανταγωνισμό: υπάρχουν πολλά βιβλιοπωλεία σε μια μικρή περιοχή και καθένα από αυτά προσπαθεί να προηγηθεί διαφοροποιούμενο ή εξειδικευόμενο. Συγκεκριμένα, ένας άμεσος ανταγωνιστής έχει εμφανιστεί στην αγορά των σχολικών βιβλίων. Είναι λοιπόν καιρός για το κατάστημα να επανεξετάσει το επιχειρηματικό του μοντέλο προκειμένου να παραμείνει ανοιχτό.

Ο διευθυντής του βιβλιοπωλείου αποφασίζει να επανεξετάσει το επιχειρηματικό του μοντέλο και συγκαλεί το προσωπικό του (την ομάδα επικοινωνίας, τον λογιστή, τους βιβλιοπώλες, την ομάδα υποδοχής κ.λπ.) για να επανεξετάσει την κατάσταση. Μαζί πρέπει να θέσουν μια σειρά ερωτήσεων προκειμένου να συμπληρώσουν τον καμβά και να επικαιροποιήσουν το τρέχον επιχειρηματικό μοντέλο. Είναι σημαντικό να σημειωθεί εδώ ότι μπορούν να ξεκινήσουν με οποιοδήποτε τετράγωνο του μοντέλου.

👁 ΣΥΜΒΟΥΛΕΣ ΓΙΑ ΤΟΥΣ ΗΓΕΤΕΣ

Ο Osterwalder προειδοποιεί για ορισμένες παγίδες:

Μην φοβάστε τις υπερβολικά τολμηρές ιδέες, μέχρι του σημείου να τις απορρίπτετε συστηματικά. Παρόλο που μπορεί να δημιουργούν περισσότερους κινδύνους, είναι επίσης συχνά πιο ενδιαφέρουσες. Ωστόσο, αυτό δεν σημαίνει ότι τις εγκρίνετε χωρίς περαιτέρω προβληματισμό. Για παράδειγμα, μπορούν να δοκιμαστούν αρχικά, στη συνέχεια να προσαρμοστούν και να προσαρμοστούν εάν αποδειχθούν αποτελεσματικές.

Μην ξεκινήσετε αυτόματα από το μηδέν, διότι μπορεί να υπάρχουν κάποια χρήσιμα στοιχεία που πρέπει να διατηρήσετε από το προηγούμενο μοντέλο.

Μην αποκλείετε ορισμένα μέλη της ομάδας, διότι οι καλύτερες ιδέες συχνά προκύπτουν μέσω της ανταλλαγής.

Μην εστιάζετε μόνο στο βραχυπρόθεσμο μέλλον. Όπως σε κάθε σχεδιασμό επιχειρηματικού μοντέλου, η μακροπρόθεσμη θεώρηση περιορίζει τους κινδύνους.

Ανάλυση του παλαιού επιχειρηματικού μοντέλου

Καθώς οι συζητήσεις προχωρούν, ο καμβάς γεμίζει και αποκαλύπτει μια επισκόπηση της τρέχουσας κατάστασης των πραγμάτων, με τα δυνατά και αδύνατα σημεία του τρέχοντος επιχειρηματικού μοντέλου.

- **Τμήματα πελατών. Ποιοι είναι οι μεγαλύτεροι πελάτες του βιβλιοπωλείου; Ποια τμήματα προσεγγίζονται; Για ποιους δημιουργούν αξία;** Στην προκειμένη περίπτωση, οι κύριοι πελάτες προέρχονται από σχολεία και πανεπιστήμια, τα οποία στέλνουν απευθείας τους φοιτητές τους σε αυτό το βιβλιοπωλείο. Οι βιβλιοθήκες και οι πιστοί πελάτες – κυρίως συνταξιούχοι – το επισκέπτονται τακτικά για να επωφεληθούν από τις συστάσεις του.

- Σταθερή αγορά: Βιβλιοθήκες και πιστοί πελάτες.

- Αγορά για την ανάκτηση κάθε χρόνο: πανεπιστήμια.

- Επισκέψεις από ιδιώτες ή το ευρύ κοινό, οι οποίοι γνωρίζουν το όνομα του βιβλιοπωλείου ή το έχουν ήδη επισκεφθεί, και οι οποίοι έρχονται μία ή περισσότερες φορές το χρόνο, σε λιγότερο ή περισσότερο τυχαίες χρονικές στιγμές (συγκεκριμένο βιβλίο ή παραγγελία, περιήγηση, δώρα κ.λπ.).

- **Πρόταση αξίας. Ποια είναι η προστιθέμενη αξία του βιβλιοπωλείου;**

  - Σοφή συμβουλή για τους πιστούς πελάτες, το κοινό και τους βιβλιοθηκονόμους.

  - "Ασυναγώνιστες τιμές" για ορισμένους βιβλιοθηκονόμους και για σχολεία ή πανεπιστήμια (και επομένως έμμεσα για τους φοιτητές).

- **Κανάλια. Πώς επικοινωνεί το κατάστημα με τους πελάτες; Ποια κανάλια χρησιμοποιεί;** Τα κανάλια που χρησιμοποιούνται σήμερα είναι κυρίως το ηλεκτρονικό ταχυδρομείο και το τηλέφωνο. Τα πανεπιστήμια και οι βιβλιοθήκες επικοινωνούν γενικά εξ αποστάσεως, ενώ οι βιβλιοπώλες εργάζονται μέσω της άμεσης επαφής με τους πελάτες που επισκέπτονται το κατάστημα.

- **Σχέσεις με τους πελάτες. Τι είδους σχέσεις έχει το βιβλιοπωλείο με τους πελάτες του;** Διατηρεί σχέσεις εμπιστοσύνης με τους πιστούς πελάτες και με ιδρύματα όπως βιβλιοθήκες και πανεπιστήμια. Σε αυτές τις σχέσεις, όλοι επωφελούνται: η εταιρεία μπορεί να μειώσει το κόστος της, ενώ οι βιβλιοθήκες και τα πανεπιστήμια αγοράζουν τα βιβλία τους στην καλύτερη τιμή. Η σχέση με τους πελάτες προσαρμόζεται ανάλογα με τον πελάτη.

- **Ροές εσόδων. Τι πληρώνουν οι πελάτες; Πώς πληρώνουν; Τα** αγαθά πωλούνται απευθείας: οι πελάτες πληρώνουν απευθείας στο ταμείο ή με τιμολόγιο για τις βιβλιοθήκες και τα πανεπιστήμια. Πληρώνουν γνωρίζοντας ότι λαμβάνουν μια υπηρεσία και μια συμβουλή που έχουν συνηθίσει και εκτιμούν.

- **Βασικοί πόροι. Ποιους βασικούς πόρους απαιτεί η πρόταση αξίας του βιβλιοπωλείου;**

  - Οι βασικοί πόροι ενός βιβλιοπωλείου είναι κυρίως το ανθρώπινο δυναμικό, ιδίως στις μέρες μας. Οι πελάτες πηγαίνουν εκεί για να λάβουν συμβουλές και να διατηρήσουν μια ιδιαίτερη σχέση με τον βιβλιοπώλη.

  - Ο δεύτερος βασικός πόρος είναι οικονομικός (τιμές πώλησης και εκπτώσεις που συζητήθηκαν με τους προμηθευτές, οι οποίοι έχουν ιδιαίτερο αντίκτυπο στις πωλήσεις προς τα πανεπιστήμια και τις βιβλιοθήκες).

- **Βασικές δραστηριότητες. Ποιες είναι οι βασικές δραστηριότητες που απορρέουν από την πρόταση αξίας του βιβλιοπωλείου;** Προκειμένου να διασφαλίσει την καλύτερη τιμή για τα πανεπιστήμια και τις βιβλιοθήκες, ο διευθυντής διεξάγει τακτικά έρευνα αγοράς σχετικά με τις τιμές και τις υπηρεσίες που προσφέρει ο ανταγωνισμός. Επιπλέον, η ποιότητα των συμβουλών εξαρτάται από την τεχνογνωσία των βιβλιοπωλών.

- **Βασικές συνεργασίες. Ποιοι είναι οι βασικοί συνεργάτες του βιβλιοπωλείου; Με ποιους συνεργάζεται; Ποιοι εταίροι το βοηθούν να δημιουργήσει αξία;** Το βιβλιοπωλείο έχει δημιουργήσει αξιόπιστες σχέσεις με ένα δίκτυο εξειδικευμένων προμηθευτών. Η οικονομική τους κατάσταση είναι στενά συνδεδεμένη: η μείωση των πωλήσεων για το βιβλιοπωλείο έχει ως αποτέλεσμα την απώλεια εσόδων για τους προμηθευτές. Συνεπώς, οι προμηθευτές έχουν καταρτίσει έναν κατάλογο παραγγελιών, ο οποίος πρέπει να επανεξετάζεται τακτικά, καθώς δεν ανταποκρίνεται πάντα στις πραγματικές πωλήσεις του βιβλιοπωλείου (πλεονάζοντα βιβλία που το κατάστημα δεν καταφέρνει να πουλήσει). Πρέπει επομένως να βρεθεί μια ισορροπία, ιδίως επειδή ορισμένοι προμηθευτές "μπλοκάρουν" τις παραγγελίες εάν το βιβλιοπωλείο καθυστερεί τις πληρωμές του (αυτό συνεπάγεται φυσικά λιγότερα αποθέματα, τα οποία με τη σειρά τους δημιουργούν λιγότερες πωλήσεις, δημιουργώντας έτσι έναν φαύλο κύκλο). Συνεπώς, είναι ζωτικής σημασίας να διατηρηθεί μια σχέση εμπιστοσύνης με τους προμηθευτές. Οι διανομείς διαδραματίζουν επίσης σημαντικό ρόλο, διότι είναι επιτακτική ανάγκη το βιβλιοπωλείο να τηρεί τους χρόνους παράδοσης που έχει υποσχεθεί. Από την άποψη αυτή, ο ανταγωνισμός είναι σκληρός με ιστοσελίδες που εγγυώνται παράδοση εντός δύο έως τριών εργάσιμων ημερών. Το σημείο αυτό μπορεί να βελτιωθεί, δεδομένου ότι το βιβλιοπωλείο υποφέρει σήμερα από μεγάλες καθυστερήσεις.

- **Δομή κόστους. Ποια είναι τα κύρια έξοδα του βιβλιοπωλείου; Ποιες είναι οι πιο δαπανηρές δραστηριότητες;** Οι βιβλιοπώλες διεκπεραιώνουν απευθείας τις παραγγελίες. Ο διευθυντής χειρίζεται ειδικά αιτήματα από τα πανεπιστήμια προκειμένου να παραγγείλουν μεγαλύτερες ποσότητες. Το κόστος αγοράς ποικίλλει, διότι εξαρτάται από τον όγκο των παραγγελιών και τις τυχόν εκπτώσεις που προσφέρει ο προμηθευτής: επί του παρόντος είναι πολύ υψηλό. Το μισθολογικό κόστος είναι επίσης σημαντικό, διότι ο μέσος όρος ηλικίας των εργαζομένων είναι σχετικά υψηλός.

Προσαρμογή του επιχειρηματικού μοντέλου

Όταν οι συμμετέχοντες, όλα φαίνονται δυνατά: πρέπει απλώς να τολμήσουν να θέσουν τα απαραίτητα ερωτήματα για την επικαιροποίηση του επιχειρηματικού μοντέλου. Μπορούν να ξεκινήσουν τον προβληματισμό τους με οποιοδήποτε από τα πλαίσια του καμβά. Ιδανικά, θα πρέπει να διασφαλίσουν ότι οι καινοτομίες φαντάζονται για κάθε κουτί του καμβά και στη συνέχεια να επιλέξουν την πιο κατάλληλη πρόταση για την κατάσταση.

Έτσι, προσθέτοντας, αφαιρώντας και μετακινώντας τις αυτοκόλλητες σημειώσεις με τις διάφορες ιδέες κάθε υπαλλήλου του βιβλιοπωλείου, το μοντέλο αναπαρίσταται πιο αντικειμενικά, γεγονός που δημιουργεί νέες εποικοδομητικές συνέργειες.

Σημαντικές αλλαγές:

Αυτή η νέα εκδοχή του επιχειρηματικού μοντέλου θέτει τον πελάτη στο επίκεντρο των προβληματισμών του: επιδιώκει τη βελτιστοποίηση της πρότασης αξίας, την ανάπτυξη σχέσεων με τους πελάτες κ.λπ. Αυτή η τελευταία διάσταση, η οποία συχνά παραβλέπεται ή παραμερίζεται από τις επιχειρήσεις, μπορεί να καθοδηγήσει έξυπνα τις στρατηγικές επιλογές. Η νέα διαμόρφωση ανταποκρίνεται καλύτερα στα προβλήματα που αντιμετωπίζει το βιβλιοπωλείο, διότι ο πελάτης, ο οποίος μπορεί να έχει διαφορετικούς λόγους για να διαβάζει (από τον πιστό, παλαιότερο πελάτη μέχρι την ανάπτυξη ενός νέου τμήματος που είναι νεότερος ή/και δεν ταξιδεύει πλέον στο βιβλιοπωλείο) τοποθετείται στο κέντρο της οικονομικής δομής. Το βιβλιοπωλείο πρέπει πρωτίστως να επανεξετάσει τις βασικές δραστηριότητές του (αναγνώσεις, λογοτεχνικές εκδηλώσεις, εκπαίδευση εργαζομένων), τη δομή του κόστους του (ιστοσελίδα, μισθολογικό κόστος), τους βασικούς συνεργάτες του (διανομείς, προμηθευτές, ανταγωνιστές), τα κανάλια επικοινωνίας του (ανάπτυξη της ιστοσελίδας του) κ.λπ.

ΠΕΡΙΟΡΙΣΜΟΙ ΚΑΙ ΕΠΕΚΤΑΣΕΙΣ

ΠΕΡΙΟΡΙΣΜΟΙ ΚΑΙ ΕΠΙΚΡΙΣΕΙΣ

- **Έλλειψη εστίασης στη στρατηγική πτυχή.** Όπως περιγράφηκε προηγουμένως, το BMC αγνοεί τη στρατηγική πτυχή της επιχείρησης. Τοποθετεί την πρόταση αξίας στο επίκεντρο της προσέγγισής της, υποθέτοντας ότι η πρωταρχική επιθυμία κάθε επιχείρησης είναι να κερδίζει χρήματα. Αυτό είναι σημαντικό, αν όχι απαραίτητο, για την επιβίωση των επιχειρήσεων, αλλά δεν θέτουν όλες τα κέρδη στην κορυφή της ατζέντας τους. Ειδικότερα, αυτό ισχύει για τις μη κερδοσκοπικές ενώσεις. Η στρατηγική προσέγγιση είναι σημαντική για την ανάπτυξη κάθε εταιρείας και, αν την αγνοήσουμε, κινδυνεύουμε να χάσουμε σημαντικά τμήματα πελατών που ίσως δεν είχαμε λάβει υπόψη μας.

- **Δεν μπορεί να εφαρμοστεί σε όλες τις εταιρείες.** Σύμφωνα με τον Philippe Moricou (καθηγητή στρατηγικής στην ESSCA) σε συνέντευξή του στον ιστότοπο My-Business-Plan.fr, φαίνεται ότι το BMC μπορεί να εφαρμοστεί ευκολότερα σε εταιρείες με μία μόνο δραστηριότητα, όπως οι νεοφυείς επιχειρήσεις, παρά σε πολυκλαδικούς οργανισμούς. Η Moricou πιστεύει ότι αυτό οφείλεται στην απλότητα του πίνακα. Πράγματι, οι πιθανές συνέργειες μεταξύ των διαφόρων δραστηριοτήτων μπορεί να μην ταιριάζουν απαραίτητα στα σχετικά βασικά πλαίσια του μοντέλου.

- **Παράλειψη να ληφθεί υπόψη ο ανταγωνισμός.** Το Business Model Canvas επικεντρώνεται στη δομή και την εσωτερική λειτουργία της εταιρείας και δεν λαμβάνει υπόψη (ή λαμβάνει υπόψη μόνο σε πολύ περιορισμένο βαθμό) εξωτερικούς παράγοντες, όπως ο ανταγωνισμός. Ωστόσο, η σκέψη του ανταγωνισμού κατά τη δημιουργία του μοντέλου είναι σημαντική, καθώς μια αλλαγή σε αυτό το επίπεδο μπορεί να έχει άμεσες επιπτώσεις σε αυτό, απαιτώντας από την εταιρεία να αναθεωρήσει τους στόχους της, για παράδειγμα. Στη μελέτη περίπτωσής μας, η εταιρεία ήθελε να αναθεωρήσει το επιχειρηματικό της μοντέλο λόγω του αυξανόμενου ανταγωνισμού που κινδύνευε να επηρεάσει τις προτάσεις αξίας της.

- **Στατική ανάλυση.** Το BMC δεν λαμβάνει υπόψη την εξέλιξη της υπό μελέτη επιχείρησης: επιτρέπει την επισκόπηση της κατάστασης σε μια δεδομένη στιγμή και, ως εκ τούτου, αγνοεί πλήρως τη μακροπρόθεσμη προοπτική.

ΣΧΕΤΙΚΑ ΜΟΝΤΕΛΑ ΚΑΙ ΕΠΕΚΤΑΣΕΙΣ

Καθώς ο καμβάς επιχειρηματικού μοντέλου έχει ορισμένους περιορισμούς, συμπεριλαμβανομένης ιδίως της έλλειψης στρατηγικής διάστασης, αξίζει να εξεταστεί το ενδεχόμενο συνδυασμού του με άλλα εργαλεία ώστε να μπορούν να αλληλοσυμπληρώνονται.

Ο πίνακας BCG για την καθοδήγηση της στρατηγικής

Με βάση τους τέσσερις τύπους στρατηγικών επιχειρηματικών τομέων (αστέρια, ερωτηματικά, αγελάδες και σκύλοι), το μοντέλο αυτό μπορεί να συμπληρώσει το BMC, το οποίο δεν λαμβάνει υπόψη αυτές τις πραγματικότητες που επηρεάζουν τις στρατηγικές επιλογές. Η ιδέα του πίνακα BCG είναι να αξιολογηθεί τόσο η αγορά του προϊόντος όσο και οι προοπτικές ανάπτυξης του προϊόντος στην αγορά. Η εταιρεία χρησιμοποιεί αυτές τις παραμέτρους για να καθορίσει τις προτεραιότητες στο χαρτοφυλάκιο των προϊόντων της και να διασφαλίσει τη μακροπρόθεσμη δημιουργία αξίας και τη διαχείριση των ταμειακών ροών.

Οι πέντε δυνάμεις του Porter για να νικήσετε τον ανταγωνισμό

Οι πέντε δυνάμεις του Porter καθορίζουν την ελκυστικότητα ενός κλάδου. Η υπόθεση είναι ότι οι επιχειρήσεις επιδιώκουν ένα ανταγωνιστικό πλεονέκτημα που μετράται από την ικανότητά τους να παράγουν κέρδη ή να καταλαμβάνουν πόρους. Αυτές οι πέντε δυνάμεις είναι: δυνητικοί νεοεισερχόμενοι (αυτοί που μπορούν να εισέλθουν στην αγορά και να αποτελέσουν απειλή), υποκατάστατα προϊόντα (προϊόντα που βρίσκονται σε άμεσο ανταγωνισμό), πελάτες και διανομείς, καθώς και προμηθευτές (οι οποίοι όλοι έχουν διαπραγματευτική δύναμη).

ΠΕΡΙΛΗΨΗ

- Το Business Model Canvas προέρχεται από το βιβλίο *Business Model Generation: A Handbook for Visionaries, Game Changers and Challengers* (*Εγχειρίδιο για Οραματιστές, Αλλαγή Παιχνιδιού και Αμφισβητίες*), το οποίο συνέγραψαν οι Alexander Osterwalder και Yves Pigneur το 2011.

- Πρόκειται για ένα πρακτικό μοντέλο, το οποίο είναι πολύ εύκολο στη χρήση και άμεσα εφαρμόσιμο. Περιλαμβάνει όλα τα επίπεδα της ιεραρχίας της εταιρείας, αλλά είναι πιο κατάλληλο για νεοσύστατες παρά για μεγάλες επιχειρήσεις.

- Ο πίνακας βασίζεται στην πρόταση αξίας που παρέχεται στους πελάτες. Τα εννέα μπλοκ που συνθέτουν τον καμβά αλληλεπικαλύπτονται και το επιχειρηματικό μοντέλο αναπτύσσεται χρησιμοποιώντας τις συνέργειες που δημιουργούνται μεταξύ τους:

  - βασικές δραστηριότητες
  - βασικές συνεργασίες
  - βασικοί πόροι
  - τμήματα πελατών
  - κανάλια
  - πελατειακές σχέσεις
  - πρόταση αξίας
  - δομή κόστους
  - ροές εσόδων.

- Η χρήση αυτοκόλλητων σημειώσεων διεγείρει τη δημιουργικότητα, επειδή μπορούν να μετακινούνται ελεύθερα κατά τη διάρκεια ενός εργαστηρίου. Αυτό εμπλέκει τους διάφορους συμμετέχοντες που προβληματίζονται σχετικά με τη δημιουργία αξίας της εταιρείας. Ο στόχος είναι να γνωρίζουν τα διάφορα μέτρα που πρέπει να εφαρμοστούν προκειμένου να εφαρμοστεί ένα συγκεκριμένο και άμεσα εφαρμόσιμο σχέδιο.

- Οι συγγραφείς διατυπώνουν διάφορες σημαντικές συστάσεις: να διασφαλιστεί η νομιμότητα της διαδικασίας, να δοθεί έμφαση στην επισκόπηση του μοντέλου, να εξεταστεί το ενδεχόμενο ενός διαμεσολαβητή που θα ηγηθεί των συζητήσεων, να γίνει απολογισμός της τρέχουσας κατάστασης και να προσδιοριστούν οι υπεύθυνοι για την υλοποίηση του σχεδίου.

- Όπως είδαμε στο συγκεκριμένο παράδειγμα του βιβλιοπωλείου, οι σχέσεις με τους πελάτες και οι προτάσεις αξίας είναι θεμελιώδους σημασίας σε αυτόν τον καμβά. Ωστόσο, οι συγγραφείς προειδοποιούν τους επικεφαλής των επιχειρήσεων να μη φοβούνται να είναι πολύ εφευρετικοί, να εμπλέκουν όσο το δυνατόν περισσότερους ανθρώπους στο σχεδιασμό του ΒΜC και να παίρνουν ως σημείο εκκίνησης αυτά που ήδη γνωρίζουν αντί να αρχίσουν πάλι από το μηδέν, καθώς αυτό θα μπορούσε να προκαλέσει σοβαρά προβλήματα συνέπειας.

- Το εργαλείο αυτό έχει ωστόσο ορισμένους περιορισμούς, όπως η αδυναμία του να καλύψει στρατηγικές και ανταγωνιστικές πτυχές. Η χρήση του παράλληλα με ένα επιχειρηματικό σχέδιο θα διασφαλίσει ότι καμία λεπτομέρεια δεν θα ξεχαστεί.

ΠΕΡΑΙΤΕΡΩ ΑΝΑΓΝΩΣΗ

ΒΙΒΛΙΟΓΡΑΦΙΑ

Créativité.net (2016) *Business Model – Nouvelle Génération: Un guide pour visionnaires, révolutionnaires et challengers d'Alexander Osterwalder et d'Yves Pigneur.* [Online]. [Πρόσβαση 20 Ιουλίου 2015]. Διαθέσιμο από: < http://www.creativite.net/business-model-nouvelle-generation-alexander-osterwalder-yves-pigneur/>

Kotler, P., Keller, K. and Manceau, D. (2012) *Marketing Management.* 14η έκδοση. Παρίσι: Pearson.

Menin-Urien, G. (2012) 2013, action commercial – Conseil 6 : apportez de la valeur ajoutée! *Le Blog du Manager commercial.* [Online]. [Πρόσβαση 20 Ιουλίου 2015]. Διαθέσιμο από: < http://www.management-commercial.fr/2012/12/21/2013-quelle-action-commerciale-apportez-de-la-valeur-ajoutee/>

My-Business-Plan.fr (2013) *Philippe Mouricou vous dit tout sur le Business Model Nouvelle Génération.* [Online] [Πρόσβαση 8 Ιουλίου 2015]. Διαθέσιμο από: < http://www.my-business-plan.fr/interview-philippe-mouricou-business-model>

Osterwalder, A. and Pigneur, Y. (2010) *Business Model Generation: A Handbook for Visionaries, Game Changers, and Challengers.* Hoboken, New Jersey: John Wiley & Sons.

UCM (2016) *Le Business Model Canvas. Un outil stratégique pour l'entreprise.* [Online]. [Accessed 8 July 2015]. Διαθέσιμο από: < http://www.ucm.be/Entreprendre/Le-Business-Model-Canvas-Un-outil-strategique-pour-l-entreprise>

Πανεπιστήμιο της Λωζάνης (2016) Yves Pigneur. *Facultés des Hautes Études Commerciales*. [Online]. [Πρόσβαση 20 Ιουλίου 2015]. Διαθέσιμο από: < https://hec.unil.ch/people/ypigneur>

ΠΡΟΣΘΕΤΕΣ ΠΗΓΕΣ

Ιστοσελίδα Business Model Canvas: http://www.businessmodelgeneration.com/canvas/bmc

Ιστοσελίδα Alexander Osterwalder: http://alexosterwalder.com/

ΒΙΝΤΕΟ

Business Model Canvas Explained. (2011) [Βίντεο]. Διαθέσιμο από: < https://youtu.be/QoAOzMTLP5s>

Ο Osterwalder εξηγεί το Business Model Canvas. (2012) [Βίντεο]. Διαθέσιμο από: < https://www.youtube.com/watch?v=RzkdJiax6Tw>

Θέλουμε να σας ακούσουμε!
Αφήστε ένα σχόλιο για την ηλεκτρονική σας βιβλιοθήκη
και μοιραστείτε τα αγαπημένα σας βιβλία στα μέσα κοινωνικής δικτύωσης!

MASLOW'S HIERARCHY OF NEEDS
Personal accomplishment
Esteem
Belonging
Security
Physiological
THE SWOT ANALYSIS
Weaknesses
Threats

Ο εκδότης διασφαλίζει την αξιοπιστία των πληροφοριών που δημοσιεύονται, η οποία όμως δεν μπορεί να αποτελέσει ευθύνη του.

Κύριο ISBN: 9782808600255
ISBN: 9782808601702
Νόμιμη κατάθεση: D/2022/12603/171

Ψηφιακός σχεδιασμός: Primento,
ο ψηφιακός συνεργάτης των εκδοτών.